50

(More)

Shades of

Teaching

50 sombras (más)
de enseñanza

Todd Cole

First printing 2020
Printed in the United States of America
Copyright © 2020 Todd Cole

Tree Shadow Press

Tree Shadow Press
www.treeshadowpress.com

ISBN: 978-1-948894-14-2

DEDICATION

To Fred Rogers (Mister Rogers)
Thank you for inspiring me to teach children
to like themselves for who they are.

DEDICACIÓN

A Fred Rogers (Mister Rogers)
Gracias por inspirarme a enseñar a los niños
a gustarse a sí mismos por ser quienes son.

Sculpture of Fred Rogers by Robert Berks,
dedicated on November 5, 2009 along the North Shore of Pittsburgh.

Escultura de Fred Rogers de Robert Berks, dedicada el 5 de noviembre
de 2009 a lo largo de la "North Shore" de Pittsburgh.

FORWARD

This is a sequel to the first *50 Shades of Teaching*. It is impossible to limit my experiences from 34 years of teaching elementary students to 50 pieces of advice. Therefore, here you are. I present to you 50 more pieces of advice from an experienced teacher who has retired to a "new calling" of providing future teachers with a Tablet of Knowledge at the college level. May this new list help future, new, experienced, and retired teachers to learn, add, delete, and reflect on their philosophy of teaching. I hope this new crop of advice is informative. I hope you find yourself within these words and it gives you the support and encouragement to continue in your calling as a teacher of students, not the curriculum.

**This collection of advice is in English in the front of the book and Spanish in the second half of the book.
**Esta colección de consejos está en inglés en la primera parte del libro y en español en la segunda mitad.

ACKNOWLEDGMENTS

This book would never come to fruition if not for the support from my loving brother, friends, colleagues, and church family. Seen below is my brother with my mom and me during Mom's last dinner "out" at our favorite restaurant, The Iron Bridge. Before arriving at the restaurant, Mom (with my brother's assistance) walked down the center aisle of our church to receive communion for the last time with our church family.

I have written about my close relationship with my mom, because it is "fresh." However, I had two wonderful parents. My mom and dad made a dynamic couple. Dad was devoted to his family and helped me become the man I am today. He gave me my sense of purpose. He gave me my work-ethic. He was so proud to be our father. He was always "there" for us. Thank you, Dad.

Several other people and groups have been and continue to be "my rock": The Slonakers, Allstons, Frambes, Rich McKenna, The Ryans, and my neighbor, Maggie. Thank you for all you do for me. I look forward to many more years, together.

Seen below is a photo of my Laurel Elementary Family when we met at The Avalon at Buhl for a fun lunch. They still support me, laugh with me, and pray for and with me after two years of retirement.

Westminster College has afforded me several opportunities to grow and showcase my love for education. Thank you providing a safe place for me to call my "second home."

New Wilmington Presbyterian Church has helped me in countless ways. Most importantly, they are my partners in prayer, not just for each other, but for everyone. They continue to allow me to share my singing voice and love for children's literature with our young ones. Thank you for providing a loving sanctuary of people for me to love and be loved.

Titan, my new dog, who arrived just prior to the pandemic. You give me a reason to "get up in the morning." Your tilted head helps to vanish all thoughts of anger after I inspect a "chewed up baseboard." You are my everything.

I must thank my publisher, Tree Shadow Press. More specifically, Debra Sanchez. Thank you for believing in this project. Thank you for translating my message into Spanish. This will help me to reach more readers and recognize that we have a large community of ESL learners.

Finally, I can't end my writing without thanking the children in my life. Thank you to every child I have had the honor of teaching. Thank you for allowing me to be a part of your life. You are so special to me. I promise to never stop sharing my "latest favorite book."

Keep on reading. Reading can take you on adventures you'd never think were possible.

The Shades

SHADE #50

The
 Fin
advice
your
systen
is mos
teach.
an in
can se
well
conce
that
Readi
expos
best
state
 Re

I wish you
a safe and
healthy semester!

SHADE #49

Make Memories! State standards are important in framing what should be taught at every grade level. YOU are the artist that makes standards come alive.

Make each lesson a masterpiece.

I believe in standards, but I also believe in making memories. Your students are not going to remember the standard they learned, but they will remember how their favorite teacher taught it.

During my early years as a first-grade teacher, I was told that I did not need to bring an elephant to school to teach the short e sound.

My response was, "If I can, why not?"

~ ~ ~

SHADE #48

Being a teacher is complex. It requires a physical stamina that goes beyond many other professions. You are on the playground, in the café, on the floor of the classroom in small groups, and maybe even breaking up fights. It is emotionally draining when you do not have the support you want or cannot find a way to help a child out of a bad situation.

It is mentally draining when you look for every avenue to enhance learning for EVERY child. Imagine how many questions you answer within an hour.

You are physically, emotionally, and mentally "on your toes" every minute of every hour.

Take your vitamins.

~ ~ ~

SHADE #47

When you disagree with the State of Education, let them know. Will it help? Maybe not, but I believe it will lead to a "healthier you." Writing my heartache for my calling as a teacher often helps to ease the pain. For example, I wrote to the Pennsylvania Department of Education about the state test.

Specifically, I asked them, "How can we administer a 4th grade test to a chronologically aged fourth grader who we've been successfully teaching on a 2nd grade level?"

We jump through hoops to assist our children who are below grade level by presenting the material at their level of learning. Then, we ask them to take a test that is beyond their capabilities and ruin their self-esteem that we promoted throughout the year. It's insane.

Now that I am retired, I plan to write more letters on this same issue.

~ ~ ~

SHADE #46

Make a Reading Bubble! This is one of my favorite creations for a meaningful environment to use on special occasions. Here is what you do:

a.   Start with a 25ft by 20ft roll of plastic that you can purchase in the paint section at your local super store. Fold it in half the "hot dog" way (the long way).

b.   Close up the three open sides with duct tape.

c.   Cut a three-foot slit in one of the shorter sides.

d.   Cut a large hole to place a box fan into the plastic on the opposite end of the plastic from the three-foot slit that you cut earlier in the instructions. Put the box fan with the blowing air facing into the plastic. Tape around the fan so the air will not leak out.

e.   Turn the fan on "medium speed" and watch the plastic grow into a bubble.

f.   Use the slit you cut to enter into the bubble. The slit will close on its own after you enter the bubble.

It will hold the entire class of young students. Bring a book into the bubble.

Read, silently.

Read, aloud.

You can draw something with permanent marker on the top side of the bubble prior to taping it closed. I drew a map of the United States and labeled the five regions. The bubble served as an introduction and review of a fourth-grade social studies standard along with providing a comfortable environment to encourage reading for enjoyment.

My colleague, Jen, took a photo of me in one of my Reading Bubbles. Thank you, Jen. I have made Reading Bubbles for colleagues as gifts.

~ ~ ~

SHADE #45

Make it meaningful. I recall Dr. Mary Hill, one of my professors at Westminster, telling our class of future educators that if you make learning meaningful, it will be fun. However, do not count on everything that is fun to be meaningful. In other words, make sure you follow this equation:

Meaningful + Fun = The Most Successful Learning Experience

For instance, the Reading Bubble creates a FUN environment to learn, but it is what you DO inside the bubble that will make it meaningful. Along with the U.S. map (as stated in my previous SHADE), I have made other reading bubbles to teach other concepts.

I have drawn the four layers of the rainforest on the top of the bubble. I labeled each layer and drew animals that lived in each layer. Then, I played rainforest music in the background and used the rest of the experience as a Silent Reading Time.

THAT IS meaningful!

~ ~ ~

SHADE #44

Turn school time learning into lifetime learning. If you do not show your students how to use it in "real life," it will not hold significance in their heart, mind, and soul. This semester we are in the middle of the Corona Virus that has forced most colleges to finish the school year with online learning.

I teach a class on Educational Psychology that exposes my students to key Theorists of Education such as Dewey, Montessori, Erikson, Piaget, and Vygotsky. As I speak to students through Virtual Classroom, their final exam will be one question: "With your knowledge gained through this course, how would you explain this virus to the different age groups of children?" This question allows my students to use knowledge from the course of study and apply it to a current situation that we are all experiencing in society.

THIS is turning school time learning into lifetime learning.

~ ~ ~

SHADE #43

Assist Future Teachers! It is hard to give up your classroom to a student teacher. However, it is necessary in order to prepare the future for when you are gone. You are an expert. Share your expertise. Your knowledge of how to run a classroom is essential in helping a future teacher to become successful. It is also difficult to be honest with a student teacher when you feel he/she needs to improve. However, you do not want to bring an "average teacher" into your "calling." You want to welcome the best, so be honest and help them become the best they can be.

Here is a photo of a wonderful student teacher during a presentation on March 2nd, Dr. Seuss' Birthday and Read Across America Day. She is now a full-time teacher in New Castle, Pennsylvania. Congratulations, Jessica!

~ ~ ~

SHADE #42

Write a Daily Schedule on the board. Kids like to know what their day will involve. Let them know what you have planned for them. It is a security blanket for them.

In addition, it limits questions such as "When do we go to lunch?"

If they ask it, you can point to the schedule to show where LUNCH appears in your plan. After a while, they will learn to look, before they ask.

If a student is "homesick," the schedule provides comfort in knowing WHEN going home is "in sight."

As a professor, I continue to provide a schedule for my college students. It shows that I made preparation for the day. I have observed my college students reading the schedule prior to the beginning of our lesson.

It is useful for all ages.

Let's face it, college students want to know how much longer they have to be in class when their night prior involved some "fun." (Not necessarily, "academic" meaningful fun, but fun, nonetheless.).

I may be old, but I remember "the good old days."

~ ~ ~

SHADE #41

Make a HOMEMADE ALPHABET to place above your chalkboard. You can purchase a beautiful, thematic alphabet, but if you assign each student in your classroom a letter in the alphabet, it will become a centerpiece (masterpiece) for the entire year. When the children make it themselves, they own it. Ownership is so important in a classroom. It might not be as pretty as the one from the Teacher Store, but it will be much more meaningful.

~ ~ ~

SHADE #40

Make Classroom Books. Make a classroom book for the alphabet you placed on display above the chalkboard. Duplicate the book so each child has his/her own copy. I have done this for countless standards. My kids have kept them and put them on display at their high school graduation parties. What a tribute to what made learning a meaningful memory! I have had parents share with me that they have caught their child reading class books that we created from years ago. This is proof that kids love to reflect on good memories. Isn't it meaningful when it can be done through their own writing?

~ ~ ~

SHADE #39

Have your students dedicate one of their classroom books from SHADE #40 to a famous author, politician, or sports figure that they admire.

We sent a video and book to President Bush. He sent us a huge care package in return.

My first graders sent their book about Classroom Rules to Mister Rogers. He sent us a lovely letter that was "Perfectly Fred." He spoke of their illustrations and penmanship and he shared the importance of following rules in life.

I am a firm believer in the "old school" of writing personal letters. The written word connects us as human beings. When our students receive mail from someone they admire, it makes the concept of communicating through writing come alive!

~ ~ ~

SHADE #38

Become published, yourself! You do not need to write a book. You can write an editorial for your local newspaper about an educational topic. Spread your expertise to the public. This is a part of your responsibility as a leader in the community. Parents and grandparents WANT to be better parents and grandparents. You never know how you will touch a life with the "written word."

~ ~ ~

SHADE #37

Make a booklist and update it at least once a year. I update my booklist on a quarterly basis. It is constantly evolving. It is so important to share a booklist with your students' parents. They want to know what books are out there that can have a positive influence on their family reading time.

You can point them in the right direction. It is part of your job to inform yourself and the public about children's literature.

Within the last year, I have written editorials on going green, Mother's Day, teacher appreciation day, encouraging kids to become activists, anxiety within school aged children, winter books for kids, holiday books for kids, black history month, books for graduation gifts, and using our public libraries.

Sharing our knowledge with our students is not enough. We must inform our society in order for "the village to raise the child."

~ ~ ~

SHADE #36

Expose kids and their families to multi-cultural work. Using literature is such a profound way to teach children about people who don't look, act, or live the same way they do.

In our ever-changing world, I cannot think of a more appropriate way to expose children to other lifestyles than through literature. Literature opens doors. It takes kids on journeys they would never find possible in their four walls of a classroom or home.

Take them on the journey. I believe this is the duty of a teacher, because many households will not foster diversity. I believe our kids need to learn and know about Greta Thunberg and her vision to Save Our Planet.

Our kids need to know about Malala and her quest to receive the same education as a boy. These children should be seen as heroes in the eyes of their peers. Great literature about their lives can do this for our kids.

It doesn't mean that we insist that our students become activists, but we can expose them to peers who are FUTURE LEADERS. Multi-cultural literature can also inspire readers to "reach for what they once thought as unattainable."

For example, if Malala can make it out of a small village in the Middle East to become a scholar of Oxford University, why can't all children reach for the stars?

Multi-cultural literature can take them to places they would never visit in their lifetime or encourage them to "put it on their bucket list." Books on the lives of children in third world countries open their eyes to the less fortunate. It is impactful when a children's book has many layers from which to teach.

When children can place themselves in the shoes of a

main character who is struggling, it teaches empathy. I hope that these lessons of empathy can be translated onto the playground when a classmate is hurting or on the bus when someone is bullied.

Teaching empathy cannot be measured in a state standard, yet it is one of the most important lessons that will help to create a positive environment for learning AND living. We can do this by modeling AND starting with a quality children's book.

~ ~ ~

SHADE #35

Invite parents and grandparents into your school to be a guest at an assembly. I have been touring schools to share my message of my own children's book, *You Are a Masterpiece!* which is illustrated by Michelle Bowden Dobi. I was thrilled to see that some schools invited the community to attend. I realize it is a hardship to get everyone "signed in," but the population that takes advantage of the invite is small...small in numbers, but large in heart!

I have had many parents come up to me after my presentation to share with me that they really needed to hear what I had to share.

You never know whom you will touch in a positive way. Moreover, if the parents attend an assembly, it provides a topic for discussion at the dinner table.

~ ~ ~

Use internal rewards more than external rewards in your classroom. I am all about giving small "tokens" for achievements.

Do not fall into the trap of it being "expected" by your students.

Have you heard a student bring his finished work up to you asking, "Is this good enough?"

Good enough for what?

Good enough to pass?

Good enough for a sticker?

I have had children ask that question to me. I have told them, "You should be asking me if I think this is your best."

Good enough? I truly believe that what I write in the margin of a "completed work" is more meaningful than a small "token."

A child may keep your written compliments of his work forever, but a small token will most likely be lost among the items placed in a Garage Sale. Words of praise or a positive phone call to his home can be worth a mountain of stickers.

We live in a "Materialistic World." Concentrate on celebrating the JOURNEY of learning with your students!

Let learning be its own reward!

~ ~ ~

SHADE #33

GROW! Education is a revolving door of expectations. I have seen philosophies go and come back again. Sometimes, in my opinion, the door spins too quickly, but that cannot be your excuse for not being knowledgeable. If you expect your kids to be proficient, you will need to be an expert in the latest teaching strategy. That's not to say you need to implement all methods, but you should explore and be open to new ideas. Learning, as a teacher, is exciting. If you do not find learning exciting, how can you hold the same expectation for your students?

Continue to grow as an educator.

~ ~ ~

SHADE #32

Be an actor. You will need to be a nominee for BEST ACTOR in the FIELD OF EDUCATION on those days when life hurts. There will be those days when your personal life is upside down. You will need to do your best to leave it at the door. Perhaps the hurt will be too deep that you will need to share it with your students on a level that they can understand.

For example, my golden retriever of 13 years had become the "mascot of my class." He was featured all over the room and hallway on posters I had developed with inspiration text on being BULLY FREE, WASHING YOUR PAWS,

DREAMING BIG, and READING EVERY DAY. He graced every Holiday Card for my students.

When he crossed the Rainbow Bridge, I had to share my loss with them. Sometimes, my loss is their loss, too. When a student informs you of their loss of a pet, sending a sympathy card through the mail is a meaningful, memorable way to acknowledge their loss. Always remember the influence that writing can have on teaching the "whole child."

Here is a Holiday Card that I sent my students on the 50th year of The Charlie Brown Christmas television special.

~ ~ ~

SHADE #31

Be human. The younger the student, the more you will be placed on a pedestal. It is ok to let them see that you are human. You are allowed to have a "bad day." Don't beat yourself up when you fall short of your expectations. You should be proud that you set high goals.

Just be sure that you learn from your mistakes. I truly believe that we learn more from our failures than we do our triumphs. Always reflect on your lessons so you can improve your teaching abilities. Ask yourself, "What went wrong? What went right? How can I improve?"

~ ~ ~

SHADE #30

Be involved in your district's teaching community. This means you will need to extend yourself outside your classroom. You will need to volunteer to be on committees, not through obligation, but through its significance as to how it will benefit the humanity of teaching. I was P.T.O. Co-President for two years. It was a HUGE responsibility, but it was meaningful. Through my leadership (along with a parent co-president), our students and faculty met several children's book authors. Always make the best of these contributions to your profession…your calling.

~ ~ ~

SHADE #29

Treat your calling as a profession. Most of us, I hope, view teaching as a calling. However, sometimes society allows us to think of ourselves as less "professional" than other professions and yet we are in charge of the future doctors, inventors, and Presidents of the United States. We must remind ourselves that we are part of the noblest profession on earth.

If we do, perhaps others will, too.

~ ~ ~

SHADE #28

Establish a "book club" for educators. Choose children's picture books, novels for kids, and books that will foster inspiration for your members. What happens in the classroom is important. What happens outside the classroom as a member of the Community of Educators is also noteworthy. The combination is what defines a superior educator. You can always encourage kids to form their own Book Clubs outside of school or during the summer months, too.

~ ~ ~

SHADE #27

Be active outside of Education. Whether it is being active in your church, your college as an alum, or local/global mission work: your work outside of your role as a teacher will also teach your students how to be productive citizens of society. You are a role model inside and outside of the classroom. Your students look up to you...they view you as a second parent. Make them proud. Here is a photo of my fellow Rotarians. We meet once a week and assist people here, there, and everywhere, in mission.

~ ~ ~

SHADE #26

Let your students have a role in how you will prepare the school day. Sometimes it may be offering them the opportunity to put the daily events in order as to how they would like them to occur. Maybe you can vote on certain book choices for story time.

When students have an input, you will get an output.

~ ~ ~

SHADE #25

Give options on a test. I do this, even on the college level. I will provide two questions that have the same point value and allow students to choose one to answer. They appreciate choices.

Students in 2020 are more anxious than ever. Providing them with choices can ease anxiety and promote possibilities for AMAZING answers.

~ ~ ~

SHADE #24

Have your students self-assess. If I equate a total of 6 points to a question, I will ask my students to write a fraction (__/6) for their completed answer.

This is another way to bring ownership to their work. It gives students an input on the evaluation process and encourages them to assess their answers before turning in their exam.

I also ask students to assess their peers when they are participating in group projects. This eliminates one student doing all the work for the team.

~ ~ ~

SHADE #23

Always provide a rubric for a project or written work. I try to imagine myself as an "ONLINE TEACHER" when I develop my rubric. When teaching/learning online, so much is lost. I cannot view nonverbal cues that display a sense of confusion.

Clear and concise rubrics are essential under any circumstances. Students MUST understand all of your expectations. This should be done for the kindergartener all the way up to the college student.

In my opinion, students should be able to predict their grade for a project prior to turning it in if they have followed the rubric.

~ ~ ~

SHADE #22

Give examples of what makes a proficient and advanced answer to a question. As a problem-solving activity, have the students decide which example is the advanced grade. You can do this in small groups and then have the students discuss why they assigned which grade to each example.

This promotes higher- level thinking, but also encourages your students to develop an understanding of what you are looking for within an answer to a writing prompt.

~ ~ ~

SHADE #21

Make a holiday tree out of books! I did this for several years during my career and I think everyone looked forward to seeing it. Just stack a pile of books on top of one another from largest to smallest and wrap a set of "old fashioned" lights around it.

It may seem difficult to believe, but my book tree has NEVER fallen. I placed it outside my doorway in a high traffic hallway, too.

The kids respected it and appreciated the time I spent in creating it.

Here is a picture of my last book tree:

~ ~ ~

SHADE #20

Teach through music. Music unlocks so many doors at a cognitive, emotional, and spiritual level. It creates meaningful memories. If you are not musical, use the internet to provide you with resources of songs that will assist you with any topic you teach. I taught reading by following lyrics to songs in first grade. In addition, the lyrics always have a purpose.

For example, I have taught the layers of the forest (emergent, canopy, understory, and forest floor) to the tune of "If You're Happy and You Know It". My students were familiar with the tune, so they learned how to read the words by following the "new" lyrics that also taught the layers of the forest.

Music also assists in teaching meaningful morals. For instance, I taught my students to sing and learn the sign language to "Love in Any Language" by Sandi Patty. Their performance can be found on YouTube. Just Google, "Todd Cole, Love in Any Language." I integrated this song into our school-wide theme of "Be Kind, Be Safe, and Be Responsible."

I also taught the sign language to the song while reading *The Year of Miss Agnes* by Kirkpatrick Hill. The novel had a deaf child in the storyline and Miss Agnes (the teacher) taught the entire class sign language so they could communicate with the deaf child.

Music can teach the emergent reader to READ. Music provides rhythm. It establishes a beat.

Think about it…how did you first learn the order of the alphabet? Most likely, you learned it through song.

~ ~ ~

SHADE #19

Be an advocate! Be a representative of one issue in education that you hold dear to your heart. If it is bullying, write an editorial. Make presentations at PTO Meetings, Board Meetings, Libraries, and Churches. Use your voice on ONE ISSUE (if not more). Be the "poster person" for that issue.

For me, I feel it is my responsibility to share my knowledge of Children's Literature with my community. I do it through television segments on a local television station, radio, editorials, and guest appearances at local and national events. My goal is to help parents, grandparents, siblings and friends to assist children develop a love for reading.

Mike Case, Jess Briganti, and I celebrated Beverly Cleary's 100th birthday on WFMJ-TV's Morning Show. After I talked about her books and her contribution to children's literature, we had carrot cake, because that was Beverly's favorite kind of cake.

~ ~ ~

SHADE #18

Be a leader in your school that helps to take care of the unfortunate. We can report concerns to the proper authorities, but being a gentle, kind face to a hurting child or family is what makes our profession more than a job. It makes us the counselor, the nurse, and the bank.

We must acknowledge the hurting and help the needy within our classrooms in order to establish a safe learning environment.

Be in charge of the Giving Tree at Christmas for students within your district.

Be in charge of the Food Drive.

Be your school's Red Cross Representative.

If it is too much for you to handle on your own, establish a team to do it. Maybe it is time for you to relieve a colleague who has been in charge of the same event FOR YEARS.

Do It! Step up to the plate! Make a Difference!

~ ~ ~

SHADE #17

Let your students know that your profession is honorable. Most teachers "played" school as a young child. I loved having a chalkboard of my own as a child. I could not wait for my teachers to pass out "unused" dittos (worksheets) on the last day of school so I could use them and "grade" them during the summer months. I had my

27

own bulletin board in my bedroom that I decorated for each holiday. It was an "unspoken" reality that I would become a teacher at a very young age.

Hearing it from my own elementary teacher would have meant so much to me. I have told several of my students that they would make great teachers. Some of them have returned to visit me to let me know that they decided to take my advice.

What a gift that has been for me!

How fortunate it has been for me to know that those seven words, "You would make a great teacher, someday," would have a lasting effect on a child. To know that we can be responsible for a student going into our profession is quite remarkable.

So many of our treasures for being a teacher do not involve getting a paycheck.

Here is a photo of myself with two of my past first graders who have joined the teaching profession. We remain in contact and I celebrate their accomplishments with them.

~ ~ ~

SHADE #16

Dress in costume. If you have an outgoing personality, or can transform your shy personality into another person, you may capture the "uncapturable."

You may bring the reluctant learner into a book when you dress as one of the characters.

You may entice a tired child, who has been awake all night while his parents argue, to lift his head from his resting place to participate in a discussion on George Washington if you are dressed as the father of our country.

Here is a photo of me dressed as George for my college students.

~ ~ ~

SHADE #15

Always change into your costume at school and do not forget to remove all portions of your costume before leaving school. I never seem to learn my lesson from this piece of advice.

This year, I was a guest reader for our church preschool. I dressed as the Cat in the Hat. Oh, it was such fun to see their eyes sparkle when I walked into the classroom. After my appearance, I removed the costume, but neglected to wash my face that had black marker for whiskers and nose.

Unfortunately, I went to a restaurant to order "take-out." I waited at the bar and answered emails to pass the time. The bartender NEVER mentioned that I had a black nose with whiskers. I guess he has seen a lot worse. When I got into my car and looked into the rear-view mirror, I was mortified.

~ ~ ~

SHADE #14

Be professional. If you are not dressed in character, be sure you dress appropriately. Follow the dress code and be mindful of what is too tight or too loose. I do believe it is appropriate for teachers to look professional in order to bring respect to our career.

I think students respect a well-dressed person of authority.

~ ~ ~

SHADE #13

When you find a good buy for school products (like journals for 5 cents each), purchase double the amount you need. Often, you will never see that price again, so purchase for the following year, too. I have always purchased journals for my students. One year, I found them for 5 cents each. I bought enough for two years!

I was so glad that I did. I never saw them for that price again.

~ ~ ~

SHADE #12

Always have a Reading Area for your students. Make it age appropriate. I think all kids appreciate a reading area...even the older kids!

In Kindergarten, try making Reading Boats from plastic storage tubs. If you teach first or second graders, use beanbag chairs or pillows. I have placed storage bins that have cushions to make a right angle of seats in the corner of my room.

If you teach the older kids, try having tall tabletops with high stools. Create an area that is inviting and encourages a child to pick up a book!

Make your classroom books easy to find. Organize them in categories, topics, or reading levels. I am not a "reading level" fan. I prefer placing my books by topic and encouraging kids to look for books according to interest instead of reading level. They will be able to determine if a book is too easy or difficult for them to read, quickly.

Whatever your philosophy, make it easy for your kids to find books!

~ ~ ~

SHADE 11

Bring reading into your community. I know of a retired teacher who has a lending library at the edge of her property. She has a heart for reading to children. I have placed reading boats in the lobby of a hairstylist's shop. I have placed two reading boats and changed the selection of books according to each season or holiday.

Suzie Wright of The Wright Place, "Thank you!"

Here is a photo of the boats in her lobby.

~ ~ ~

SHADE #10

Use your special teachers! If you are doing a grade level project that lends itself to an art activity, try to coordinate with your school's art teacher for his/her assistance or advice. If you are teaching a literary term through song, ask your music teacher for assistance.

Do not forget to call on them for knowledge that could be used during a parent/teacher conference. They could inform you of strengths in art, music, or physical education. They may be able to support some of your own findings or observations.

It is always nice to have support to back up your message during a parent/teacher conference.

~ ~ ~

SHADE #9

Your librarian should be your best friend. I always enjoyed our school's yearly book fair. Our librarian always displayed them so well. Your librarian knows the "latest books" to hit the market.

Use your librarian. They are there to help you.

~ ~ ~

SHADE #8

Reach out to your students before DAY ONE. You should make a phone call or write a postcard to every student in your class to let them know how excited you are to begin a new year with them. This will relieve some anxiety issues and promote positive communication between the school and the home.

Here is a postcard that I sent to my fourth graders before school began with my golden retriever on the front. This postcard also helps the child to see you as a "person."

Sometimes, our children cannot imagine their teachers are people outside the classroom. It can be comforting for them to see that their teacher has a dog.

~ ~ ~

SHADE #7

Establish "mindfulness activities" within your daily schedule. Our children of today are more anxious than ever. Society has placed enormous pressure on our kids. They are involved in numerous after school activities. They are at daycares prior and after school.

Fifty percent of our children are from divorced families, some of which are better functioning than those that are still a "two parent household." Some of our students are emotionally, physically, and/or sexually abused. Technology has heightened bullying into a 24 hour a day cycle. Leaders in our country have been poor example of decency.

Our children bring all of this baggage to school with them. Mindfulness activities can make a learning environment more successful. Even at the college level, I play music at the beginning of each class that creates a calm atmosphere.

I encourage my college students to take a deep breath every time they hear the bell tower chimes ring every quarter hour of their waking day.

~ ~ ~

SHADE #6

Offer several different opportunities for students to learn within the same lesson. For example, within one lesson for my college students, they will experience a time when they will listen to me as I walk around the room. They will watch a short video on the Smartboard. They will also work in a small group activity. They will work in a pair/share activity. Finally, they will write something, individually, whether it be a journal response or a "ticket out" at the end of our time together.

No matter what the age, students need to move around, physically and mentally. They need to engage in different ways.

~ ~ ~

SHADE #5

Encourage CONTRACTS. I have a family member who has signed a contract with his son that encourage one hour of physical activity EVERY day. This can mean shooting basketballs in their driveway, throwing the football in their backyard, going for a walk, swimming etc. It does not need to be doing pushups. CONTRACTS can be helpful in school, too. Encourage hard work during the school day so that no homework will be assigned. Put this in a contract that both you and the student will sign.

The harder kids work during the day, the less homework they will have. Many schools have a NO HOMEWORK policy, but it does mean that students MUST be studious during the school day.

I have an appreciation for BE KIND MONTHS instead of HOMEWORK. You can have BE KIND JOURNALS. Each student must write about how he/she were kind the night before a given school day. Sometimes it is as simple as writing, "I held the door open for a lady at the grocery store."

This activity teaches little acts of kindness and makes a writing activity a "real world" experience.

~ ~ ~

SHADE #4

Establish an environment for learning. Try to maintain a balance between an "underwhelming" and "overwhelming" physical classroom environment.

As I reflect on my years as an elementary teacher, I think my room may have been too overwhelming. Did I have too many decorations? Did I have too much text on the walls?

At the same time, do not underwhelm your students with one poster on each of the four walls. Make the room inviting. It is their "second home." It should be attractive to the eye. It should have a library on display that is organized and easily accessible. Display their work on a given wall of the classroom.

Remember that ownership is essential to the learning process for students. Within these walls, compliment your students. I am sure you do, but be intentional about it. Be aware of the student who is rarely complimented by his or her peers. Complimenting a child on her fingernail polish can be more powerful than you can imagine.

37

We must be conscious of reaching out to every child, every day. Help them find their niche. Some students know where their interests lie. For example, they may lean toward books about sports, music, art, animals, or space. However, some children may not know what they like. It is up to us, as educators, to expose all of our students to a variety of literature that will eventually become a "favorite" of someone's in the classroom.

How rewarding it would be to know that you were the teacher who instilled a child's interest in horses just be having books on horses in your classroom! You can take them to the librarian to help them find the section of the library that they will be able to call "their own." Take them to the internet to find articles that match their interests. This will help create a bond between the two of you that will last a lifetime.

Be the teacher that changed each student's life. All of this helps in establishing an environment for learning.

~ ~ ~

SHADE #3

Do not always give the answer to your students. They can become frustrated when they do not "get it," but instead of supplying them with the answer, supply them with another avenue to find the answer. Problem solving is so difficult.

Holding back to allow them to discover through mistakes

can be very meaningful. If you give them the answer every time they stumble, they will never develop problem- solving skills. Sometimes we all need to experience the uncomfortable feeling of risk taking and learning without the safety net.

You can be the "step ladder" to your students' success, but let them figure out how to climb it for themselves.

~ ~ ~

SHADE #2

Be prepared. Yes, it is the motto for scouts, but it must be one of the most important pieces of advice in order to be successful.

You must be ready for every day.

You cannot "wing it."

There is too much at stake.

You are responsible for the intellectual, social, and emotional thinking process of a student. Plan every lesson to create the best learning experience for every child in your room. All materials need to be ready to go.

Technology for the lessons must be at a "one click notice." If you are not ready, you will be wasting your students' time. When you waste their time, they will waste your time, too.

Be prepared!

~ ~ ~

SHADE #1

Be a family! Teach everyone in the classroom to do more than tolerate each other. Teach your students to accept one another. You will need to let your students realize that they will be together for an entire year. The year can be the best year of their lives! This will start by treating each other with respect, first through the example you set for them, and then through the example each student sets for one another.

Through your example, the students will create a room where they will not only apologize, but also forgive. They will create a room that celebrates diversity of cultures and celebrate the diversity of learning. They will learn to have empathy for those who struggle or experience a life-changing event.

Let this family overflow into the grounds of the faculty room. Support each other in and out of the classroom. I have been blessed with two groups of teachers (my elementary family and my college family) who supported me in all of my triumphs and tragedies. Creating a kind, generous environment within your faculty will make teaching more enjoyable and more effective. Teaching is an emotional roller coaster that can only be successful with the support of your coworkers. We all need a cheering section to help us to be the best we can be. My hope is that you are as fortunate as I have been at Laurel Elementary and at Westminster College.

Your school should be a family that makes you a better educator and person!

Be a family!

Afterthoughts: The Bench is Bare

My decision to retire from teaching elementary students did not come easily. I had to weigh the pros and cons. However, once the decision was made, all the "lasts" began to be celebrated. For example, the last time I'd teach from a novel. The last time my students would make presentations. The last faculty meeting, and of course, the last day of school.

It is remarkable how things seem to "fall into place." After I made the decision to retire, I knew that I wanted to "retire to something." My dream had always been to touch the lives of future teachers at the college level after my "elementary run" was complete. My last two years as an instructor at Westminster College have been rewarding. I am grateful to have the opportunity to retire from one form of teacher that led to another.

I was fortunate to make my "retirement decision" when I did. The timing was perfect. I was able to complete my most loving task of all. To set the stage, I had been living with my mother for several years. After my dad had died, Mom and I decided it would be best to live together while we were both healthy.

It turned out to be a "God thing." I had developed a rare form of cancer that required 24-hour care from my 80-year young mother. I have no doubt, that along with prayers and good medical teams, my mother was the reason for my recovery.

During my second year as an instructor at Westminster, my mom had a reoccurrence of cancer and it returned with a vengeance. The cancer had spread everywhere. I managed to handle her care the way she had done for me. She wished to live and die with cancer at home. With Fall Break, Thanksgiving and Christmas holidays, I was able to be with her 24/7 with the exception of 14 hours a week. I brought my college work home with me to complete while Mom took short naps. The rest of the hours, we spent side by side in our sunroom. We slept next to one another. We held hands. We prayed. We laughed. We cried. We watched Hallmark movies and Jeopardy every night until the sound of television became too difficult for her to enjoy. We shared the most intimate of life stories. A wonderful Hospice nurse visited three times a week as Mom's Day of Glory was eminent. Friends, who were like family to us, would visit to reassure Mom that they would help to take care of me when she was gone. Mom was worried about me until her last breath.

During the last months of her life, Mom and I prayed. She had written a three-page list of people she prayed for that was on her computer. She prayed for these people in the morning before she went downstairs for her coffee. She prayed for them, again, prior to going to bed. When the list became difficult for her to read, I read it to her. We did this several times a day.

She had also written a three-page poem about her life. I read that to her right after the prayer. She had it memorized...her mouth would move to the cadence of my voice as I read it aloud.

My mother always relished in my singing in church. So, since going to church was no longer an option, I sang to her several times a day, usually after the reciting of the prayer and poem. I sang the hymns in order, so she could become accustomed to the schedule. I started with "How Great Thou Art", "Amazing Grace", "Precious Lord", and finished with "We Shall Behold Him", the last of which she requested that I sing at her Memorial Service.

Mom was a planner. (Actually, she would have made a fantastic teacher.) She planned her own Memorial Service, dictating it to me. She had also written her own obituary. She did all of this so that we (my brother and I) would not suffer any more than need be. Being a Christian wife and mother was her calling.

Our friends and my brother (who traveled from Vermont six times during the last few months of Mom's life) were so crucial in my quest to be the best caregiver. They laughed and cried with us, but it was so helpful and meaningful.

The process of dying is hard, but at the same time it is so sacred. My friends and my brother were willing to share it with me. They weren't afraid to just "be there." They knew it was a sacred time. They wanted to be a part of it. My best friend visited every night after working all day just to BE there. The experience was so meaningful for anyone who walked through our kitchen door to the sunroom.

It was then that I realized that my mom wasn't just leaving ME. She was leaving so many lives that she had touched.

After my mom "half-left me/us" (I say "half-left" because now she is not physically with me, but I take her spirit with me wherever I go), my colleagues from Westminster and Laurel Elementary requested my presence at the Wallace Memorial Chapel on Westminster's Campus. It was an extremely cold night in February. When I arrived, 50 or more people were standing on the chapel steps with luminaries that spelled "PEACE." They were standing in silence as I walked up to the chapel. I couldn't keep my composure. I wept. From the President of Westminster to tired teachers on a school night…they wanted to BE there.

Our Chaplin, Jim Mohr, gave a loving prayer. I spoke through my tears that this was true reassurance for my mom that I had a community of people who would care for me.

I know many of you who are reading this have a similar community of people, but when it is a flock of teachers...it is priceless. Teachers know how to help children through mourning, and they know how to help each other grieve, too.

Now I have started a new set of "firsts." I have made it through her birthday, Easter, and my first vacation to Maine without her. It was our tradition to vacation in Maine every summer (even when I was a boy).

On my "first journey" to Maine in my new season of life, I worshipped at my parents' church. I ate at their favorite restaurants. I visited my two living aunts and their families from my father's side. My mom was an only child and her parents died when she was in her twenties, so she viewed my dad's family as HER family. I visited with a few cousins and friends. I gave them all a piece of Mom's jewelry as a way of remembrance.

I visited her favorite bench on the beach where she would read until sunset. To be truthful, we also sat there in hopes to be greeted by a friendly golden retriever who was walked with a leash by his owner every night after 6pm. We had lost our faithful four-legged friend (a golden) during Mom's first walk with cancer about three years prior to her death.

We were never disappointed. He came almost every night. Unfortunately, when I went to the bench where Mom once sat, no one was there...and the golden never came. Hence, the title of this section of the book, "The Bench Was Bare."

It was a therapeutic vacation.

Although I missed our traveling as a mother and son, I knew it had to be done in order to "move forward." I don't think I will ever "move on," but I will do my best to "move forward."

"Moving on" seems to mean that I should "forget." "Moving forward" seems to convey, "bring her with you."

Although this last section is personal, it still is a "teaching moment" for all who are reading it. First of all, remember to SING with students for it opens the soul as it did as I sang Mom's favorite hymns to and with her. Remember to WRITE with your students as my mom wrote her poem...her words were from the heart...you can learn so much about your students when you allow them to "just write." Remember to help your colleagues as they did for me after Mom "half-left" us.

My mom made me promise that I would get a new golden after she died. She was so worried about me being alone.

I tear up as I type the following words…"Please welcome Titan Cole to our family." My mom is so happy for me.

PARTE 2 ~ ESPAÑOL

ADELANTE

Esta es una continuación de los primeros 50 sombras de la enseñanza. Es imposible limitar mis experiencias de 34 años de enseñanza a estudiantes de primaria a 50 consejos. Por lo tanto, aquí está. Les presento 50 consejos más de un experimentado profesor que se ha retirado a una "nueva vocación" de proporcionar a los futuros profesores una Tabla de Conocimiento a nivel universitario. Que esta nueva lista ayude a los futuros maestros, los nuevos, los experimentados y los jubilados a aprender, añadir, eliminar y reflexionar sobre su filosofía de enseñanza. Espero que esta nueva cosecha de consejos sea informativa. Espero que se encuentre dentro de estas palabras y que le dé el apoyo y el estímulo para continuar en su vocación de profesor de estudiantes, no profesor del plan de estudios.

RECONOCIMIENTOS

Este libro nunca se hubiera realizado si no fuera por el apoyo de mi querido hermano, amigos, colegas y la familia de la iglesia. Abajo se ve a mi hermano con mi madre y yo durante la última cena de Mamá en nuestro restaurante favorito, El Puente de Hierro. Antes de llegar al restaurante, Mamá (con la ayuda de mi hermano) caminó por el pasillo central de nuestra iglesia para recibir la comunión por última vez con nuestra familia de la iglesia.

He escrito sobre mi relación cercana con mi madre, porque es "fresca". Sin embargo, tuve dos padres maravillosos. Mi mamá y mi papá hacían una pareja dinámica. Papá era devoto de su familia y me ayudó a convertirme en el hombre que soy hoy. Me dio mi sentido de propósito. Me dio mi ética de trabajo... Estaba tan orgulloso de ser nuestro padre. Siempre estuvo "ahí" para nosotros. Gracias, Papá.

Varias otras personas y grupos han sido y siguen siendo "mi roca": Los Slonakers, Allstons, Frambes, Rich McKenna, los Ryans, y mi vecina, Maggie. Gracias por todo lo que hacen por mí. Espero que pasemos muchos años más juntos.

Abajo hay una foto de mi familia de la escuela Laurel cuando nos reunimos en el Avalon en Buhl para un almuerzo divertido. Todavía me apoyan, se ríen conmigo, y rezan por mí y conmigo después de dos años de retiro.

Westminster College me ha dado varias oportunidades para crecer y mostrar mi amor por la educación. Gracias por proporcionarme un lugar seguro para llamar a mi "segundo hogar".

La Iglesia Presbiteriana de New Wilmington me ha ayudado de incontables maneras. Lo más importante es que son mis compañeros de oración, no sólo por los demás, sino por todos. Ellos continúan permitiéndome compartir mi voz cantante y mi amor por la literatura infantil con nuestros jóvenes. Gracias por proporcionarme un santuario de personas para que pueda amar y ser amada.

Titán, mi nuevo perro, que llegó justo antes de la pandemia. Me das una razón para "levantarme por la mañana". Tu cabeza inclinada ayuda a desvanecer todos los pensamientos de ira después de que inspeccione un "zócalo masticado". Tú eres mi todo.

Debo agradecer a mi editor, Tree Shadow Press. Más específicamente, a Debra Sanchez. Gracias por creer en este proyecto. Gracias por traducir mi mensaje al español. Esto me ayudará a llegar a más lectores y a reconocer que tenemos una gran comunidad de estudiantes de ESL.

Por último, no puedo terminar de escribir sin agradecer a los niños de mi vida. Gracias a todos los niños a los que he tenido el honor de enseñar. Gracias por permitirme ser parte de su vida. Son tan especiales para mí. Prometo no dejar nunca de compartir mi "último libro favorito". Sigue leyendo. Leer puede llevarte a aventuras que nunca pensarías que fueran posibles.

Las Sombras

SOMBRA #50

La cuenta atrás comienza con la SOMBRA #50.

Encuéntrese a sí mismo en los estándares del estado. Este es mi mejor consejo para poder enseñar los estándares sin ignorar su sistema de creencias. Para la mayoría de los educadores experimentados, nuestro sistema de creencias no siempre "conforma" con los estándares del estado. Esto es más a menudo debido al entorno cultural en el que enseñamos. Por ejemplo, enseñar cómo la lana viene de las ovejas a un aula de niños de la ciudad, que rara vez usan lana, puede parecer sin sentido. Sin embargo, este conocimiento muy bien podría estar en una prueba estandarizada de primer grado. Enseñar el concepto a través de un "rap" que ha creado o mejor aún, que los estudiantes han creado puede ser más significativo. Leer un libro de Jan Brett sobre ovejas criadas en una granja para exponer a la clase del centro de la ciudad a otra cultura puede ser su mejor apuesta. Usa tu propia creatividad y no esperes a que el estado te diga CÓMO enseñarlo.

¡Recuerde, usted es el experto!

~ ~ ~

SOMBRA #49

¡Haced recuerdos! Las normas estatales son importantes para enmarcar lo que se debe enseñar en cada nivel de grado. Usted es el artista que hace que los estándares cobren vida.

Haz de cada lección una obra maestra.

Creo en los estándares, pero también creo en la creación de recuerdos. Sus estudiantes no recordarán el estándar que aprendieron, pero sí recordarán cómo lo enseñó su maestro favorito.

Durante mis primeros años como maestro de primer grado, me dijeron que no necesitaba traer un elefante a la escuela para enseñar el sonido de la letra "e".

Mi respuesta fue: "si puedo, ¿por qué no?"

~ ~ ~

SOMBRA #48

Ser un maestro es complejo. Requiere una resistencia física que va más allá de muchas otras profesiones. Estás en el patio, en la cafetería, en el piso del aula en pequeños grupos, y tal vez incluso rompiendo peleas. Es emocionalmente agotador cuando no tienes el apoyo que quieres o no puedes encontrar una manera de ayudar a un niño a salir de una mala situación.

Es mentalmente agotador cuando buscas todas las vías para mejorar el aprendizaje de todos los niños. Imagina cuántas preguntas respondes en una hora.

Estás física, emocional y mentalmente "alerta" cada minuto de cada hora.

Toma tus vitaminas.

~ ~ ~

SOMBRA #47

Cuando no esté de acuerdo con la educación estatal, hágaselo saber. ¿Ayudará? Tal vez no, pero creo que conducirá a un "tú más saludable". Escribir mi dolor de corazón por mi vocación de maestro a menudo ayuda a aliviar el dolor. Por ejemplo, escribí al departamento de educación de Pensilvania sobre el examen estatal.

Específicamente, les pregunté:

"¿Cómo podemos administrar un examen de 4º grado a un niño de 4º grado de edad cronológica al que hemos estado enseñando con éxito en un nivel de 2º grado?"

Saltamos a través de aros para ayudar a nuestros niños que están por debajo del nivel de grado presentando el material a su nivel de aprendizaje. Luego, les pedimos que tomen un examen que está más allá de sus capacidades y arruinar su autoestima que promovimos durante todo el año. Es una locura.

Ahora que me he retirado, planeo escribir más cartas sobre este mismo tema.

~ ~ ~

¡Haced una burbuja de lectura! Esta es una de mis creaciones favoritas para un ambiente significativo para usar en ocasiones especiales. Esto es lo que haces:

A. Empieza con un rollo de plástico de 25 pies por 20 pies que puedes comprar en la sección de pintura de tu supertienda local. Dóblalo por la mitad de la forma "perro caliente" (a lo largo).

B. Cierra los tres lados abiertos con cinta adhesiva.

C. Corta una abertura de tres pies en uno de los lados más cortos.

D. Haga un agujero grande para colocar un ventilador de caja en el plástico en el extremo opuesto del plástico de la abertura de tres pies que cortó anteriormente en las instrucciones. Ponga el ventilador de la caja con el aire que sopla mirando hacia el plástico. Ponga cinta adhesiva alrededor del ventilador para que el aire no se escape.

E. Encienda el ventilador a "velocidad media" y vea cómo el plástico se convierte en una burbuja.

F. Use la ranura que cortó para entrar en la burbuja. La ranura se cerrará sola después de que entres en la burbuja.

Se mantendrá toda la clase de jóvenes estudiantes. Trae un libro a la burbuja.

Lee, en silencio.

Lea, en voz alta.

Pueden dibujar algo con un marcador permanente en la parte superior de la burbuja antes de cerrarla con cinta adhesiva. Dibujé un mapa de los EE.UU. y etiqueté las cinco regiones. La burbuja sirvió como introducción y revisión de un estándar de estudios sociales de cuarto grado junto con proporcionar un ambiente cómodo para fomentar la lectura por placer.

Mi colega, Jen, me tomó una foto en una de mis burbujas de lectura. Gracias, Jen. He hecho burbujas de lectura para los colegas como regalo.

~ ~ ~

SOMBRA #45

Hazlo significativo. Recuerdo a la Dra. Mary Hill, una de mis profesoras en Westminster, diciendo a nuestra clase de futuros educadores que, si haces que el aprendizaje sea significativo, será divertido. Sin embargo, no cuenten con que todo lo que es divertido sea significativo. En otras palabras, asegúrense de seguir esta ecuación:

Significativo + divertido = la experiencia de aprendizaje más exitosa

Por ejemplo, la burbuja de lectura crea un ambiente divertido para aprender, pero es lo que haces dentro de la burbuja lo que le dará sentido. Junto con el mapa de los EE.UU. (como se indica en mi sombra anterior), he hecho otras burbujas de lectura para enseñar otros conceptos.

He dibujado las cuatro capas de la selva tropical en la parte superior de la burbuja. He etiquetado cada capa y he dibujado animales que vivían en cada capa. Luego, puse música de la selva de fondo y usé el resto de la experiencia como un tiempo de lectura silenciosa.

¡Eso es significativo!

~ ~ ~

SOMBRA #44

Convierte el aprendizaje en la escuela en un aprendizaje para toda la vida. Si no muestra a sus estudiantes cómo usarlo en la "vida real", no tendrá significado en su corazón, mente y alma. Este semestre estamos en medio del virus de la corona que ha obligado a la mayoría de las universidades a terminar el año escolar con el aprendizaje en línea.

Doy una clase de psicología educativa que expone a mis estudiantes a los principales teóricos de la educación como Dewey, Montessori, Erikson, Piaget y Vygotsky. Mientras hablo a los estudiantes a través del aula virtual, su examen final será una pregunta: "Con los conocimientos adquiridos a través de este curso, ¿Cómo explicaría este virus a los diferentes grupos de edad de los niños?" Esta pregunta permite a mis estudiantes utilizar los conocimientos del curso de estudio y aplicarlos a una situación actual que todos estamos experimentando en la sociedad.

ESTO está convirtiendo el aprendizaje en la escuela en un aprendizaje para toda la vida.

~ ~ ~

SOMBRA #43

¡Ayudad a los futuros maestros! Es difícil ceder su clase a un estudiante profesor. Sin embargo, es necesario para preparar el futuro para cuando te vayas. Usted es un experto. Comparte tu experiencia. Tu conocimiento de cómo manejar un salón de clases es esencial para ayudar a un futuro maestro a tener éxito. También es difícil ser honesto con un estudiante profesor cuando sientes que necesita mejorar. Sin embargo, no quieres traer a un "profesor promedio" a tu "vocación". Quieres dar la bienvenida a los mejores, así que sé honesto y ayúdalos a ser lo mejor que puedan ser.

Aquí hay una foto de un maravilloso profesor estudiante durante una presentación el 2 de marzo, el cumpleaños del Dr. Seuss y el día de la lectura en américa. Ahora es una maestra de tiempo completo en New Castle, Pennsylvania.

¡Felicidades, Jessica!

~ ~ ~

SOMBRA #42

Escriba un horario diario en la pizarra. A los niños les gusta saber lo que implicará su día. Hágales saber lo que ha planeado para ellos. Es una manta de seguridad para ellos.

Además, limita las preguntas como "¿Cuándo vamos a ALMORZAR?"

Si te lo preguntan, puedes señalar el horario para mostrar dónde aparece el almuerzo en tu plan. Después de un tiempo, aprenderán a mirar, antes de preguntar.

Si un estudiante "extraña su casa", el horario le da consuelo al saber CUÁNDO se va a casa está "a la vista".

Como profesor, sigo proporcionando un horario a mis estudiantes universitarios. Muestra que he preparado para el día. He observado a mis estudiantes universitarios leyendo el horario antes del comienzo de nuestra lección.

Es útil para todas las edades. Enfrentémoslo, los estudiantes quieren saber cuánto tiempo más tienen que estar en clase cuando su noche anterior implicaba algo de "diversión". (No necesariamente, diversión "académica" significativa, pero sí divertida, no obstante).

Puedo estar viejo, pero recuerdo "los buenos tiempos de antes".

~ ~ ~

SOMBRA #41

Haga UN ALFABETO CASERO para colocarlo sobre su pizarra. Puede comprar un hermoso alfabeto temático, pero si asigna a cada estudiante de su clase una letra del alfabeto, se convertirá en una pieza central (obra maestra) para todo el año. Cuando los niños lo hacen ellos mismos, son los dueños. La propiedad es tan importante en un salón de clases. Puede que no sea tan bonito como el de la tienda de maestros, pero será mucho más significativo.

~ ~ ~

SOMBRA #40

Hacer libros de clase. Haga un libro de aula para el alfabeto que puso en exhibición sobre el pizarrón. Dupliquen el libro para que cada niño tenga su propia copia. He hecho esto para innumerables estándares. Mis estudiantes los han guardado y los han puesto en exhibición en sus fiestas de graduación de la escuela secundaria. ¡Qué tributo a lo que hizo del aprendizaje un recuerdo significativo! He tenido padres que me han dicho que han visto a sus hijos leyendo libros de clase que creamos hace años. Esto es una prueba de que a los niños les encanta reflexionar sobre los buenos recuerdos. ¿No es significativo cuando se puede hacer a través de su propia escritura?

~ ~ ~

SOMBRA #39

Haga que sus estudiantes dediquen uno de sus libros de clase de la SOMBRA #40 a un famoso autor, político o figura deportiva que admiren. Enviamos un video y un libro al Presidente Bush. Él nos envió un enorme paquete de ayudas a cambio.

Mis alumnos de primer grado enviaron su libro sobre las reglas de la clase al Sr. Rogers. Nos envió una carta encantadora que decía "Perfectamente Fred". Habló de sus ilustraciones y caligrafía y compartió la importancia de seguir las reglas en la vida.

Soy un firme creyente en la "vieja escuela" de escribir cartas personales. La palabra escrita nos conecta como seres humanos. Cuando nuestros estudiantes reciben el correo de alguien que admiran, ¡hace que el concepto de comunicarse a través de la escritura cobre vida!

~ ~ ~

SOMBRA #38

¡Se publicará, usted mismo! No necesitas escribir un libro. Puedes escribir un editorial para tu periódico local sobre un tema educativo. Difunde tu experiencia al público. Esto es parte de su responsabilidad como líder de la comunidad. Los padres y los abuelos QUIEREN ser mejores padres y abuelos. Nunca se sabe cómo vas a tocar una vida con la "palabra escrita".

~ ~ ~

SOMBRA #37

Haga una lista de libros y actualícela al menos una vez al año. Yo actualizo mi lista de libros trimestralmente. Está en constante evolución. Es muy importante compartir una lista de libros con los padres de tus alumnos. Quieren saber qué libros hay que puedan tener una influencia positiva en su tiempo de lectura familiar.

Puedes indicarle la dirección correcta. Es parte de tu trabajo informarte a ti mismo y al público sobre la literatura infantil.

En el último año, he escrito editoriales sobre el vivir verde, el día de la madre, el día de apreciación de los maestros, animando a los niños a ser activistas, la ansiedad en los niños de edad escolar, libros de invierno para los niños, libros de vacaciones para los niños, el mes de la historia negra, libros para regalos de graduación, y usando nuestras bibliotecas públicas.

Compartir nuestro conocimiento con nuestros estudiantes no es suficiente. Debemos informar a nuestra sociedad para que "el pueblo críe al niño".

~ ~ ~

SOMBRA #36

Exponer a los niños y a sus familias a un trabajo multicultural. El uso de la literatura es una forma tan profunda de enseñar a los niños sobre las personas que no se ven, actúan o viven de la misma manera que ellos.

En nuestro mundo siempre cambiante, no puedo pensar en una forma más apropiada de exponer a los niños a otros estilos de vida que a través de la literatura. La literatura abre puertas.

Lleva a los niños a viajes que nunca encontrarían posibles en las cuatro paredes de un aula o una casa. Llévelos en el viaje. Creo que es el deber de un maestro, porque muchos hogares no fomentarán la diversidad. Creo que nuestros niños necesitan aprender y saber sobre Greta Thunberg y su visión de salvar nuestro planeta.

Nuestros niños necesitan saber sobre Malala y su búsqueda para recibir la misma educación que un niño. Estas niñas deben ser vistos como héroes a los ojos de sus compañeros. La gran literatura sobre sus vidas puede hacer esto por nuestros niños.

No significa que insistamos en que nuestros estudiantes se conviertan en activistas, pero podemos exponerlos a sus compañeros que son FUTUROS LÍDERES. La literatura multicultural también puede inspirar a los lectores a "alcanzar lo que una vez pensaron que era inalcanzable".

Por ejemplo, si Malala puede salir de una pequeña aldea en el Oriente Medio para convertirse en un erudito de la universidad de Oxford, ¿por qué no pueden todos los niños alcanzar las estrellas?

La literatura multicultural puede llevarlos a lugares que nunca visitarían en su vida o animarlos a "ponerlo en su lista de deseos". Los libros sobre la vida de los niños en los países del tercer mundo abren los ojos a los menos afortunados. Es impactante cuando un libro infantil tiene muchas capas desde las cuales enseñar.

Cuando los niños pueden ponerse en los zapatos de un personaje principal que está luchando, enseña empatía. Espero que estas lecciones de empatía se puedan traducir en el patio de recreo cuando un compañero de clase está herido o en el autobús cuando alguien es acosado.

La enseñanza de la empatía no puede medirse en un estándar estatal, pero es una de las lecciones más importantes que ayudará a crear un ambiente positivo para aprender y vivir. Podemos hacerlo modelando y comenzando con un libro infantil de calidad.

~ ~ ~

SOMBRA #35

Invitar a los padres y abuelos en su escuela para ser un invitado en una asamblea. He estado recorriendo las escuelas para compartir mi mensaje de mi propio libro infantil, *You Are a Masterpiece!* (*¡Eres una obra maestra!*) Que está ilustrado por Michelle Bowden Dobi. Me emocionó ver que algunas escuelas invitaron a la comunidad a asistir. Me doy cuenta de que es difícil que todos "se apunten", pero la población que se aprovecha de la invitación es pequeña... ¡pequeña en número, pero grande en corazón!

Muchos padres se me acercaron después de mi presentación para compartir conmigo que realmente necesitaban escuchar lo que tenía que compartir.

Nunca sabes a quién vas a tocar de una manera positiva. Además, si los padres asisten a una asamblea, proporciona un tema de discusión en la mesa de la cena.

~ ~ ~

SOMBRA #34

Usar las recompensas internas más que las externas en tu clase. Estoy a favor de dar pequeñas "fichas" por los logros.

No caiga en la trampa de que sus alumnos "esperen" eso.

¿Ha escuchado a un estudiante traer su trabajo terminado y preguntarle: "¿Es esto lo suficientemente bueno?"

¿Suficientemente bueno para qué?

¿Suficientemente bueno para pasar?

¿Suficientemente bueno para una etiqueta?

He tenido niños que me han hecho esa pregunta. Les he dicho: "Deberían preguntarme si creo que esto es lo mejor que puedes hacer". ¿Suficientemente bueno?

Realmente creo que lo que escribo en el margen de una "tarea terminada" es más significativo que una pequeña "ficha".

Un niño puede guardar sus cumplidos escritos de su

trabajo para siempre, pero lo más probable es que se pierda un pequeño regalito entre los artículos colocados en una venta de garaje. Palabras de elogio o una llamada telefónica positiva a su casa pueden valer una montaña de pegatinas. Vivimos en un "mundo materialista".

¡Concéntrese en celebrar EL VIAJE del aprendizaje con sus estudiantes!

¡Que el aprendizaje sea su propia recompensa!

~ ~ ~

SOMBRA #33

¡CRECED! La educación es una puerta giratoria de expectativas. He visto a las filosofías ir y volver de nuevo. A veces, en mi opinión, la puerta gira demasiado rápido, pero eso no puede ser su excusa para no tener conocimientos. Si esperas que tus estudiantes sean competentes, tendrás que ser un experto en la última estrategia de enseñanza. Eso no quiere decir que necesites implementar todos los métodos, pero debes explorar y estar abierto a nuevas ideas. Aprender, como profesor, es emocionante.

Si no encuentra emocionante el aprendizaje, ¿cómo puede mantener las mismas expectativas para sus estudiantes?

Continúe creciendo como educador.

~ ~ ~

Ser un actor. Necesitarás ser nominado como MEJOR ACTOR en el CAMPO DE LA EDUCACIÓN en esos días en que la vida duele. Habrá esos días en los que tu vida personal esté al revés. Necesitarás hacer lo mejor para dejarlo en la puerta. Tal vez el dolor sea demasiado profundo como para compartirlo con sus estudiantes en un nivel que puedan entender.

Por ejemplo, mi golden retriever de 13 años se había convertido en la "mascota de mi clase". Apareció por toda la habitación y el pasillo en carteles que yo había desarrollado con un texto de inspiración sobre ser LIBRE DEL ACOSO, LAVAR TUS PATAS, SOÑAR GRANDE Y LEER TODOS LOS DÍAS. Adornó cada tarjeta de vacaciones de mis estudiantes.

Cuando cruzó el puente del arco iris, tuve que compartir mi pérdida con ellos. A veces, mi pérdida es su pérdida también. Cuando un estudiante te informa de la pérdida de una mascota, enviar una tarjeta de pésame por correo es una manera significativa y memorable de reconocer su pérdida. Recuerde siempre la influencia que la escritura puede tener en la enseñanza del "niño completo".

Aquí hay una tarjeta de navidad que envié a mis estudiantes en el 50º año del especial de televisión de navidad de Charlie Brown.

~ ~ ~

SOMBRA #31

Ser humano. Cuanto más joven sea el estudiante, más se le colocará en un pedestal. Está bien dejarles ver que eres humano. Se les permite tener un "mal día". No te castigues cuando no cumplas tus expectativas. Deberías estar orgulloso de haberte fijado metas altas.

Sólo asegúrate de que aprendes de tus errores. Realmente creo que aprendemos más de nuestros fracasos que de nuestros triunfos. Siempre reflexiona sobre tus lecciones para que puedas mejorar tus habilidades de enseñanza. Pregúntese: "¿Qué fue lo que falló? ¿Qué salió bien? ¿Cómo puedo mejorar?"

~ ~ ~

SOMBRA #30

Involúcrese en la comunidad docente de su distrito. Esto significa que tendrá que extenderse fuera de su salón de clases. Necesitarás ser voluntario para estar en los comités, no por obligación, sino por su importancia en cuanto a cómo beneficiará a la humanidad de la enseñanza. Fui copresidente de la P.T.O. (organización de padres y maestros) durante dos años. Fue una GRAN responsabilidad, pero fue significativa. A través de mi liderazgo (junto con un padre copresidente), nuestros estudiantes y profesores conocieron a varios autores de libros infantiles. Siempre haz lo mejor de estas contribuciones a tu profesión... Tu vocación.

~ ~ ~

SOMBRA #29

Trate su vocación como una profesión. La mayoría de nosotros, espero, vemos la enseñanza como una vocación. Sin embargo, a veces la sociedad nos permite pensar en nosotros mismos como menos "profesionales" que otras profesiones y, sin embargo, estamos a cargo de los futuros médicos, inventores y presidentes de los Estados Unidos. Debemos recordarnos a nosotros mismos que somos parte de la profesión más noble de la tierra.

Si lo hacemos, quizás otros lo hagan también.

~ ~ ~

SOMBRA #28

Establecer un "club de lectura" para los educadores. Elija libros ilustrados para niños, novelas para niños y libros que fomenten la inspiración de sus miembros.

Lo que sucede en el aula es importante.

Lo que sucede fuera del aula como miembro de la Comunidad de Educadores también es digno de mención.

La combinación es lo que define a un educador superior. Siempre puedes animar a los niños a formar sus propios clubes de lectura fuera de la escuela o durante los meses de verano, también.

~ ~ ~

SOMBRA #27

Ser activo fuera de la educación. Ya sea siendo activo en su iglesia, en su universidad como alumno, o en el trabajo misionero local/global: su trabajo fuera de su papel de profesor también enseñará a sus estudiantes cómo ser ciudadanos productivos de la sociedad.

Eres un modelo para seguir dentro y fuera del aula.

Sus estudiantes lo admiran... Lo ven como un segundo padre. Hágalos sentir orgullosos.

Aquí hay una foto de mis compañeros rotarios.

Nos reunimos una vez a la semana y ayudamos a la gente aquí, allá y en todas partes, en la misión.

~ ~ ~

SOMBRA #26

Deje que sus estudiantes tengan un papel en la preparación del día escolar. A veces puede ofrecerles la oportunidad de poner en orden los eventos diarios en cuanto a cómo les gustaría que ocurrieran. Tal vez usted puede votar en ciertas elecciones de libros para la hora de los cuentos.

Cuando los estudiantes tengan una entrada, usted tendrá una salida.

~ ~ ~

SOMBRA #25

Dar opciones en un examen. Hago esto, incluso a nivel universitario. Proveeré dos preguntas que tengan el mismo valor en puntos y permitiré a los estudiantes elegir una para responder. Ellos aprecian las opciones. Los estudiantes en el 2020 están más ansiosos que nunca.

Proporcionarles opciones puede aliviar la ansiedad y promover las posibilidades de respuestas INCREÍBLES.

~ ~ ~

SOMBRA #24

Haga que sus estudiantes se evalúen a sí mismos. Si igualo un total de 6 puntos a una pregunta, pediré a mis estudiantes que escriban una fracción (__/6) para su respuesta completa.

Esta es otra forma de hacer que su trabajo sea más propio. Les da a los estudiantes un aporte en el proceso de evaluación y los alienta a evaluar sus respuestas antes de entregar su examen.

También pido a los estudiantes que evalúen a sus compañeros cuando participen en proyectos de grupo. Esto elimina a un estudiante que hace todo el trabajo para el equipo.

~ ~ ~

SOMBRA #23

Siempre proporcionar una rúbrica para un proyecto o trabajo escrito. Trato de imaginarme como un "PROFESOR EN LÍNEA" cuando desarrollo mi rúbrica. Cuando se enseña/aprende en línea, se pierde mucho. No puedo ver señales no verbales que muestren una sensación de confusión. Las rúbricas claras y concisas son esenciales bajo cualquier circunstancia. Los estudiantes DEBEN entender todas sus expectativas. Esto debe hacerse desde el jardín de infancia hasta la universidad. En mi opinión, los estudiantes deben ser capaces de predecir su calificación para un proyecto antes de entregarlo si han seguido la rúbrica.

~ ~ ~

SOMBRA #22

Dar ejemplos de lo que hace una respuesta competente y una pregunta avanzada. Como una actividad de resolución de problemas, haga que los estudiantes decidan qué ejemplo es el grado avanzado. Puede hacer esto en pequeños grupos y luego hacer que los estudiantes discutan por qué asignaron qué grado a cada ejemplo.

Esto promueve el pensamiento de nivel superior, pero también anima a sus estudiantes a desarrollar una comprensión de lo que usted busca dentro de una respuesta a una tema para escritura.

~ ~ ~

SOMBRA #21

¡Haced un árbol de fiestas/navidad de los libros! Hice
esto durante varios años durante mi carrera y creo que todos
esperaban verlo. Simplemente apila una pila de libros uno
encima del otro desde el más grande al más pequeño y
envuelve un conjunto de luces "anticuadas" alrededor de él.
Puede parecer difícil de creer, pero mi árbol de libros nunca
se ha caído. Además, lo puse fuera de mi puerta en un
pasillo de mucho tráfico. Los niños lo respetaron y
apreciaron el tiempo que dediqué a su creación. Aquí hay
una foto de mi último árbol de libros:

~ ~ ~

SOMBRA #20

Enseñar a través de la música. La música abre muchas puertas a nivel cognitivo, emocional y espiritual. Crea recuerdos significativos. Si usted no es musical, usar la Internet para proporcionarle recursos de las canciones que le ayudará con cualquier tema que usted enseña. Enseñé a leer siguiendo las letras de las canciones en primer grado. Además, las letras siempre tienen un propósito.

Por ejemplo, he enseñado las capas del bosque (emergente, dosel, sotobosque y suelo del bosque) con la melodía de "Si eres feliz y lo sabes". Mis alumnos estaban familiarizados con la melodía, así que aprendieron a leer las palabras siguiendo la "nueva" letra que también enseñaba las capas del bosque.

La música también ayuda a enseñar la moralidad significativa. Por ejemplo, enseñé a mis alumnos a cantar y a aprender el lenguaje de signos de "Love in Any Language" de Sandi Patty. Su actuación se puede encontrar en YouTube. Sólo tienes que buscar en Google, "Todd Cole, Love in Any Language". Integré esta canción en el tema de nuestra escuela "Sé amable, seguro y responsable".

También enseñé el lenguaje de signos a la canción mientras leía *El año de la Señorita Agnes* de Kirkpatrick Hill. La novela tenía una niña sordao en el argumento y la Srta. Agnes (la maestra) enseñó a toda la clase el lenguaje de signos para que pudieran comunicarse con la niña sorda.

La música puede enseñar al lector emergente a LEER. La música proporciona ritmo. Establece un ritmo.

Piénsalo... ¿cómo aprendiste primero el orden del alfabeto? Lo más probable es que lo hayas aprendido a través de una canción.

~ ~ ~

SOMBRA #19

¡Sea un defensor! Sé un representante de un tema en la educación que te importa mucho. Si se trata de intimidación, escriba un editorial.

Haga presentaciones en las reuniones del PTO, reuniones de la Junta, bibliotecas e iglesias. Use su voz en UN TEMA (si no más). Sé la "persona del póster" para ese asunto.

Para mí, siento que es mi responsabilidad compartir mi conocimiento de la literatura infantil con mi comunidad.

Lo hago a través de segmentos de televisión en una estación de televisión local, radio, editoriales, y apariciones como invitado en eventos locales y nacionales.

Mi objetivo es ayudar a los padres, abuelos, hermanos y amigos para que los niños desarrollen el amor por la lectura.

Mike Case, Jess Briganti y yo celebramos el cumpleaños
número 100 de Beverly Cleary en el programa matutino de
WFMJ-TV. Después de hablar de sus libros y su contribución
a la literatura infantil, comimos pastel de zanahoria,
porque era el tipo de pastel favorito de Beverly.

~ ~ ~

SOMBRA #18

Ser un líder en su escuela que ayuda a cuidar de los desafortunados. Podemos informar de nuestras preocupaciones a las autoridades competentes, pero ser una cara amable y gentil con un niño o una familia que sufre es lo que hace de nuestra profesión algo más que un trabajo.

Nos convierte en el consejero, la enfermera y el banco. Debemos reconocer los que tienen dolor y ayudar a los necesitados en nuestras aulas para establecer un ambiente de aprendizaje seguro.

Encárguese del Árbol de Navidad para los estudiantes de su distrito.

Estar a cargo de la colecta de alimentos.

Ser el representante de la Cruz Roja de su escuela.

Si es demasiado para que lo manejen por su cuenta, establezcan un equipo para hacerlo. Tal vez sea el momento de relevar a un colega que ha estado a cargo del mismo evento POR AÑOS.

¡Hazlo! ¡Acércate a la placa! ¡Haz la diferencia!

~ ~ ~

SOMBRA #17

Hágale saber a sus estudiantes que su profesión es honorable. La mayoría de los maestros "jugaron" a la escuela cuando eran niños. Me encantaba tener una pizarra propia de niño. No podía esperar a que mis profesores se repartieron las hojas de ejercicios no utilizadas el último día de clases para poder usarlas y "calificarlas" durante los meses de verano. Tenía mi propio pizarrón en mi dormitorio que decoraba para cada día festivo. Era una realidad "tácita" que me convertiría en maestro a una edad muy temprana.

Escucharlo de mi propio profesor de primaria hubiera significado mucho para mí. Le he dicho a varios de mis estudiantes que serían grandes maestros. Algunos de ellos han vuelto a visitarme para hacerme saber que decidieron seguir mi consejo.

¡Qué regalo ha sido para mí!

Qué afortunado ha sido para mí saber que esas seis palabras, "Serás un gran maestro, algún día", tendrán un efecto duradero en un niño. Saber que podemos ser responsables de que un estudiante entre en nuestra profesión es bastante notable. Muchos de nuestros tesoros por ser un maestro no implican recibir un cheque de pago.

Aquí hay una foto mía con dos de mis antiguos alumnos de primer grado que se han unido a la profesión de maestro. Seguimos en contacto y celebro sus logros con ellos.

~ ~ ~

SOMBRA #16

Vestirse con un disfraz. Si tienes una personalidad extrovertida, o puedes transformar tu personalidad tímida en otra persona, puedes capturar lo "incapturable".

Puede traer al aprendiz reticente a un libro cuando se

viste como uno de los personajes.

Puedes atraer a un niño cansado, que ha estado despierto toda la noche mientras sus padres discuten, para que levante la cabeza de su lugar de descanso para participar en una discusión sobre George Washington si te vistes como el Padre de nuestra Patria.

Aquí hay una foto mía vestido como George para mis estudiantes universitarios.

~ ~ ~

SOMBRA #15

Siempre ponte tu disfraz en la escuela y no olvides quitarte todas las partes de tu disfraz antes de salir de la escuela. Parece que nunca aprendo la lección de este consejo.

Este año, fui un lector invitado para nuestro preescolar en la iglesia. Me vestí como el Gato con Sombrero. Oh, fue tan divertido ver sus ojos brillar cuando entré en el aula.

Después de mi aparición, me quité el disfraz, pero no me lavé la cara que tenía un marcador negro para los bigotes y la nariz.

Desafortunadamente, fui a un restaurante para pedir "comida para llevar". Esperé en el bar y respondí a los correos electrónicos para pasar el tiempo. El barman NUNCA mencionó que tenía una nariz negra con bigotes. Supongo que ha visto cosas mucho peores.

Cuando me subí a mi auto y miré por el espejo retrovisor, me sentí mortificado.

~ ~ ~

SOMBRA #14

Sea profesional. Si no estás vestido con disfraz de personaje, asegúrate de vestirte apropiadamente. Siga el código de vestimenta y tenga en cuenta lo que está demasiado apretado o demasiado suelto.

Creo que es apropiado que los profesores tengan un aspecto profesional para aportar respeto a nuestra carrera.

Creo que los estudiantes respetan a una persona bien vestida y con autoridad.

~ ~ ~

SOMBRA #13

Cuando encuentres una buena compra de productos escolares (como diarios por 5 centavos cada uno), compra el doble de la cantidad que necesites. A menudo, nunca verás ese precio de nuevo, así que compra para el año siguiente, también. Siempre he comprado diarios para mis estudiantes.

Un año, los encontré por 5 centavos cada uno. ¡Compré suficientes para dos años!

Estaba tan contenta de haberlo hecho. Nunca los volví a ver por ese precio.

~ ~ ~

SOMBRA #12

Siempre tenga un área de lectura para sus estudiantes. Hágala apropiada para la edad. Creo que todos los niños aprecian un área de lectura... ¡incluso los mayores!

En el jardín de infantes, intente hacer barcos de lectura con recipientes de plástico. Si enseñan a los niños de primer o segundo grado, usen sillas rellenas o almohadas. He colocado cubos de almacenamiento que tienen cojines para hacer un ángulo recto de los asientos en la esquina de mi salón de clase.

Si enseñas a los niños mayores, intenta tener mesas altas con taburetes altos. Cree un área que invite y anime a los niños a recoger un libro.

Haga que los libros de su clase sean fáciles de encontrar. Organícelos en categorías, temas o niveles de lectura. No soy un fanático del "nivel de lectura". Prefiero colocar mis libros por temas y animar a los niños a buscar los libros de acuerdo a su interés en lugar de su nivel de lectura. Podrán determinar si un libro es demasiado fácil o difícil de leer para ellos, rápidamente.

Cualquiera que sea su filosofía, ¡haga que sea fácil para sus estudiantes encontrar libros!

~ ~ ~

SOMBRA #11

Traiga la lectura a su comunidad. Conozco a una maestra jubilada que tiene una biblioteca de préstamos en el borde de su propiedad. Tiene un corazón para leer a los niños. He puesto Reading Boats (Barcos de Lectura) en el vestíbulo de una peluquería. He colocado dos barcos de lectura y he cambiado la selección de libros de acuerdo a cada estación o día festivo.

Suzie Wright de The Wright Place, "¡Gracias!"

Aquí hay una foto de los barcos en su vestíbulo.

~ ~ ~

SOMBRA #10

¡Utilice sus maestros especiales! Si estás haciendo un proyecto de nivel de grado que se presta a una actividad de arte, intenta coordinar con el profesor de arte de tu escuela para su ayuda o consejo. Si está enseñando un término literario a través de una canción, pida ayuda a su profesor de música.

No olvides pedirles conocimientos que puedan ser utilizados durante una reunión de padres y maestros. Podrían informarle sobre los puntos fuertes en el arte, la música o la educación física. Podrían apoyar algunos de tus propios hallazgos u observaciones.

Siempre es bueno tener apoyo para respaldar tu mensaje durante una reunión de padres y maestros.

~ ~ ~

SOMBRA #9

Tu bibliotecario debería ser tu mejor amigo. Siempre me ha gustado la feria anual del libro de nuestra escuela. Nuestra bibliotecaria siempre los exhibió tan bien. Tu bibliotecario sabe los "últimos libros" que salen al mercado.

Usa tu bibliotecario. Ellos están ahí para ayudarte.

~ ~ ~

SOMBRA #8

Llegar a sus estudiantes antes del primer día. Debe llamar por teléfono o escribir una postal a cada estudiante de su clase para hacerles saber lo emocionado que está de comenzar un nuevo año con ellos. Esto aliviará algunos problemas de ansiedad y promoverá la comunicación positiva entre la escuela y el hogar.

Aquí hay una postal que envié a mis alumnos de cuarto grado antes de que empezara la escuela con mi golden retriever en el frente. Esta postal también ayuda a que el niño te vea como una "persona".

A veces, nuestros niños no pueden imaginar que sus maestros son personas fuera de la clase. Puede ser reconfortante para ellos ver que su maestro tiene un perro.

~ ~ ~

SOMBRA #7

Establecer "actividades de atención plena" dentro de su programa diario. Nuestros niños de hoy están más ansiosos que nunca. La sociedad ha ejercido una enorme presión sobre nuestros niños. Están involucrados en numerosas actividades extraescolares. Están en guarderías antes y después de la escuela.

El 50% de nuestros niños son de familias divorciadas, algunas de las cuales funcionan mejor que las que aún son "hogares de dos padres". Algunos de nuestros estudiantes son abusados emocionalmente, físicamente y/o sexualmente. La tecnología ha aumentado la intimidación en un ciclo de

24 horas al día. Los líderes de nuestro país han sido un pobre ejemplo de decencia.

Nuestros niños traen todo este equipaje a la escuela con ellos. Las actividades de consciencia pueden hacer que un ambiente de aprendizaje sea más exitoso. Incluso en el nivel universitario, pongo música al principio de cada clase que crea una atmósfera tranquila.

Animo a mis estudiantes universitarios a respirar profundamente cada vez que escuchan las campanas del campanario cada cuarto de hora de su día.

~ ~ ~

SOMBRA #6

Ofrecer varias oportunidades diferentes para que los estudiantes aprendan dentro de la misma lección. Por ejemplo, dentro de una lección para mis estudiantes universitarios, experimentarán un momento en el que me escucharán mientras camino por la habitación. Ellos verán un corto video en el Smartboard. También trabajarán en una actividad de grupo pequeño. Trabajarán en una actividad de pareja/compartir. Y al final, escribirán algo, individualmente, ya sea una respuesta en el diario o un "ticket de salida" al final de nuestro tiempo juntos.

No importa la edad, los estudiantes necesitan moverse, física y mentalmente. Necesitan involucrarse de diferentes maneras.

~ ~ ~

SOMBRA #5

Fomentar los CONTRATOS. Tengo un miembro de la familia que ha firmado un contrato con su hijo que alienta una hora de actividad física CADA día. Esto puede significar tirar pelotas de baloncesto en su entrada, tirar la pelota de fútbol en su patio trasero, ir a caminar, nadar, etc. No es necesario hacer flexiones de brazos. Los contratos también pueden ser útiles en la escuela. Fomentar el trabajo duro durante el día escolar para que no se asignen tareas. Ponga esto en un contrato que tanto usted como el estudiante firmarán.

Cuanto más trabajen los niños durante el día, menos tareas tendrán. Muchas escuelas tienen una política de NO TAREAS, pero significa que los estudiantes DEBEN ser estudiosos durante el día escolar.

Aprecio mucho los meses de "ser amable" en lugar de "tareas en casa". Puedes tener DIARIOS DE AMABILIDAD. Cada estudiante debe escribir acerca de cómo fue amable la noche anterior al día escolar. A veces es tan simple como escribir: "Abrí la puerta a una señora en el supermercado".

Esta actividad enseña pequeños actos de bondad y hace que la actividad de escritura sea una experiencia del "mundo real".

~ ~ ~

SOMBRA #4

Establecer un entorno para el aprendizaje. Tratar de mantener un equilibrio entre un ambiente físico de clase "poco abrumador" y "demasiado abrumador".

Mientras reflexiono sobre mis años como maestro de primaria, creo que mi aula puede haber sido demasiado abrumadora. ¿Tenía demasiadas decoraciones? ¿Tenía demasiado texto en las paredes?

Al mismo tiempo, no abrume a sus estudiantes con un póster en cada una de las cuatro paredes. Haga que la aula sea atractiva. Es su "segundo hogar". Debería ser atractivo a la vista. Debe tener una biblioteca en exhibición que esté organizada y sea fácilmente accesible. Exponer su trabajo en una pared determinada del aula.

Recuerden que la propiedad es esencial para el proceso de aprendizaje de los estudiantes. Dentro de estas paredes, felicite a sus estudiantes. Estoy seguro de que lo hacen, pero sean intencionales al respecto. Estén atentos al estudiante que raramente es halagado por sus compañeros. Un cumplido a una niña por su esmalte de uñas puede ser más poderoso de lo que se imagina.

Debemos ser conscientes de tender la mano a cada niño, todos los días. Ayudarlos a encontrar su nicho. Algunos estudiantes saben dónde están sus intereses. Por ejemplo, pueden inclinarse por libros sobre deportes, música, arte, animales o el espacio. Sin embargo, algunos niños pueden no saber lo que les gusta. Depende de nosotros, como educadores, exponer a todos nuestros estudiantes a una variedad de literatura que eventualmente se convertirá en la "favorita" de alguien en el salón de clase.

¡Qué gratificante sería saber que usted fue el maestro que inculcó el interés de un niño en los caballos, por tener libros sobre caballos en su clase! Puedes llevarlos a la bibliotecaria para ayudarles a encontrar la sección de la biblioteca que podrán llamar "suya". Llévalos a Internet para encontrar artículos que coincidan con sus intereses. Esto ayudará a crear un vínculo entre ustedes dos que durará toda la vida.

Sea el profesor que cambió la vida de cada estudiante. Todo esto ayuda a establecer un ambiente para el aprendizaje.

~ ~ ~

SOMBRA #3

No siempre dé la respuesta a sus estudiantes. Pueden frustrarse cuando no la "entienden", pero en lugar de darles la respuesta, dales otra vía para encontrarla. La resolución de problemas es tan difícil.

Detenerse para permitirles descubrir a través de los errores puede ser muy significativo. Si les das la respuesta cada vez que tropiezan, nunca desarrollarán habilidades para resolver problemas. A veces todos necesitamos experimentar la incómoda sensación de tomar riesgos y aprender sin la red de seguridad.

Usted puede ser la "escalera" para el éxito de sus estudiantes, pero déjelos que descubran cómo subirla por sí mismos.

~ ~ ~

SOMBRA #2

Esté preparado. Sí, es el lema de los Scouts, pero debe ser uno de los consejos más importantes para tener éxito.

Debes estar preparado para cada día.

No puedes "improvisar".

Hay demasiado en juego.

Eres responsable del proceso de pensamiento intelectual, social y emocional de un estudiante. Planea cada lección para crear la mejor experiencia de aprendizaje para cada niño en tu aula. Todos los materiales deben estar listos para ser utilizados.

La tecnología para las lecciones debe estar a "un clic de distancia". Si no estás listo, estarás perdiendo el tiempo de tus estudiantes. Cuando les haga perder el tiempo, ellos también le harán perder el suyo.

¡Prepárense!

~ ~ ~

SOMBRA #1

¡Sed una familia! Enseñen a todos en el salón de clases a hacer algo más que tolerarse unos a otros. Enseñe a sus estudiantes a aceptarse unos a otros. Tendrá que dejar que sus estudiantes se den cuenta de que estarán juntos durante todo un año. ¡El año puede ser el mejor año de sus vidas! Esto comenzará por tratarse con respeto, primero a través del ejemplo que les den, y luego a través del ejemplo que cada estudiante le dé al otro.

A través de su ejemplo, los estudiantes crearán un salón donde no sólo se disculparán, sino que también perdonarán. Crearán una sala que celebre la diversidad de las culturas y que celebre la diversidad del aprendizaje. Aprenderán a sentir empatía por aquellos que luchan o experimentan un evento que cambia la vida.

Dejemos que esta familia se desborde en los terrenos de la sala de la facultad. Apóyense unos a otros dentro y fuera del aula. He sido bendecido con dos grupos de profesores (mi familia de la escuela primaria y mi familia de la universidad) que me apoyaron en todos mis triunfos y tragedias. La creación de un ambiente amable y generoso dentro de su facultad hará que la enseñanza sea más agradable y más efectiva. La enseñanza es una montaña rusa emocional que sólo puede tener éxito con el apoyo de sus compañeros de trabajo. Todos necesitamos una sección de animación para ayudarnos a ser lo mejor que podamos ser.

Mi esperanza es que sean tan afortunados como yo lo he sido en la Escuela Primaria Laurel y en el Colegio Westminster.

¡Tu escuela debería ser una familia que te haga mejor educador y persona!

¡Ser una familia!

REFLEXIONES FINALES:
EL BANCO ESTÁ VACIO

Mi decisión de retirarme de la enseñanza a los estudiantes de primaria no fue fácil. Tuve que evaluar los pros y los contras. Sin embargo, una vez que la decisión fue tomada, todos los "últimos" comenzaron a ser celebrados. Por ejemplo, la última vez que enseñé de una novela. La última vez que mis estudiantes hacían presentaciones. La última reunión de la facultad, y por supuesto, el último día de clases.

Es notable cómo las cosas parecen "encajar en su lugar". Después de tomar la decisión de retirarme, sabía que quería "retirarme a algo". Mi sueño siempre había sido tocar la vida de los futuros profesores de la universidad después de que mi "carrera de primaria" estuviera completa. Mis dos últimos años como instructor en el Westminster College han sido gratificantes. Estoy agradecido de tener la oportunidad de retirarme de un tipo de profesor que me llevó a otro.

Tuve la suerte de tomar mi "decisión de retiro" cuando lo hice. El momento fue perfecto. Pude completar mi tarea más amorosa de todas. Para preparar el escenario, había estado viviendo con mi madre durante varios años. Después de que mi padre muriera, Mamá y yo decidimos que sería mejor vivir juntos mientras ambos estuviéramos sanos.

Resultó ser una "cosa de Dios". Yo había desarrollado una rara forma de cáncer que requería cuidados las 24 horas de mi joven madre de 80 años. No tengo ninguna duda de que, junto con las oraciones y los buenos equipos médicos, mi madre fue la razón de mi recuperación.

Durante mi segundo año como instructor en Westminster, mi madre tuvo una reaparición del cáncer y regresó con una venganza. El cáncer se había extendido por todas partes. Me las arreglé para manejar su cuidado de la manera en que ella lo había hecho por mí. Ella deseaba vivir y morir con cáncer en casa. Con las vacaciones de otoño, Acción de Gracias y las vacaciones de Navidad, pude estar con ella las 24 horas del día, excepto 14 horas a la semana. Traje mi trabajo de la universidad a casa para completarlo mientras Mamá tomaba siestas cortas. El resto de las horas, las pasábamos juntos en nuestro solárium. Dormíamos uno al lado del otro. Nos tomábamos de la mano. Rezábamos. Nos reíamos. Lloramos. Veíamos películas de Hallmark y Jeopardy todas las noches hasta que el sonido de la televisión se volvió muy difícil de disfrutar para ella. Compartimos las historias de vida más íntimas. Una maravillosa enfermera del hospicio nos visitaba tres veces a la semana, ya que el Día de Gloria de Mamá era eminente. Los amigos, que eran como una familia para nosotros, nos visitaban para asegurarle a Mamá que ayudarían a cuidarme cuando ella no estuviera. Mamá estaba preocupada por mí hasta su último aliento.

Durante los últimos meses de su vida, Mamá y yo rezamos. Ella había escrito una lista de tres páginas de personas por las que rezaba que estaba en su computadora. Rezaba por esas personas por la mañana antes de bajar a tomar su café. Rezaba por ellos, otra vez, antes de irse a la cama. Cuando la lista se volvió difícil de leer, se la leí. Hicimos esto varias veces al día.

También había escrito un poema de tres páginas sobre su vida. Se lo le leí justo después de la oración. Lo tenía memorizado... su boca se movía al ritmo de mi voz mientras lo leía en voz alta.

A mi madre siempre le gustaba que yo cantara en la iglesia. Así que, como ir a la iglesia ya no era una opción, le cantaba varias veces al día, normalmente después de recitar la oración y el poema. Canté los himnos en orden, para que se acostumbrara al horario. Empecé con "How Great Thou Art", "Amazing Grace", "Precious Lord", y terminé con "We Shall Behold Him", el último de los cuales me pidió que cantara en su funeral.

Mamá era una planificadora. (En realidad, habría sido una profesora fantástica.) Planeó su propio servicio conmemorativo, dictándomelo a mí. También había escrito su propio obituario. Hizo todo esto para que nosotros (mi hermano y yo) no sufriéramos más de lo necesario. Ser una esposa y madre cristiana era su vocación.

Nuestros amigos y mi hermano (que viajó desde Vermont seis veces durante los últimos meses de la vida de mamá) fueron tan cruciales en mi búsqueda para ser el mejor cuidador. Se rieron y lloraron con nosotros, pero fue tan útil y significativo.

El proceso de morir es difícil, pero al mismo tiempo es tan sagrado. Mis amigos y mi hermano estaban dispuestos a compartirlo conmigo. No tenían miedo de simplemente "estar ahí". Sabían que era un tiempo sagrado. Querían ser parte de él. Mi mejor amigo me visitaba todas las noches después de trabajar todo el día sólo para estar allí. La experiencia fue tan significativa para cualquiera que pasara por la puerta de la cocina hacia el solario.

Fue entonces cuando me di cuenta de que mi madre no sólo me dejaba a mí. Estaba dejando tantas vidas que había tocado.

Después de que mi mamá "nos dejó a medias" (digo "a medias" porque ahora no está físicamente conmigo, pero llevo su espíritu conmigo a donde quiera que vaya.), mis colegas de Westminster y de la Primaria Laurel solicitaron mi presencia en la Capilla Wallace Memorial del Campus de Westminster. Era una noche extremadamente fría en febrero. Cuando llegué, 50 o más personas estaban de pie en los escalones de la capilla con luminarias que decían "PAZ". Estaban de pie en silencio mientras yo caminaba hacia la capilla. No pude mantener la compostura. Lloré. Desde el presidente de Westminster hasta los profesores cansados en una noche de escuela... querían ESTAR allí.

Nuestro Chaplin, Jim Mohr, rezó una cariñosa oración. Hablé a través de mis lágrimas que esto era un verdadero consuelo para mi madre de que tenía una comunidad de personas que se preocuparían por mí. Sé que muchos de ustedes que están leyendo esto tienen una comunidad de personas similar, pero cuando se trata de un rebaño de maestros... no tiene precio. Los maestros saben cómo ayudar a los niños a superar el luto, y también saben cómo ayudarse mutuamente en el duelo.

Ahora he empezado una nueva serie de "primicias". He sobrevivido a su cumpleaños, a la Pascua y a mis primeras vacaciones en Maine sin ella. Era nuestra tradición ir de vacaciones a Maine todos los veranos (incluso cuando era un niño).

En mi "primer viaje" a Maine en mi nueva temporada de vida, asistí al servicio en la iglesia de mis padres. Comí en sus restaurantes favoritos. Visité a mis dos tías vivientes y a sus familias por parte de mi padre. Mi madre era hija única y sus padres murieron cuando ella tenía veinte años, así que veía a la familia de mi padre como su familia. Me visité con algunos primos y amigos. Les di a todos una pieza de joyería de mamá como una forma de recuerdo.

Visité su banco favorito en la playa donde leía hasta el atardecer. A decir verdad, también nos sentamos allí con la esperanza de ser saludados por un amistoso golden retriever que era paseado con una correa por su dueño todas las noches después de las 6pm. Habíamos perdido a nuestro fiel amigo de cuatro patas (un golden) durante la primera caminata de Mamá con cáncer unos tres años antes de su muerte.

Nunca nos decepcionó. Venía casi todas las noches. Desafortunadamente, cuando fui al banco donde Mamá se sentó una vez, no había nadie... y el golden retriever nunca llegó. De ahí el título de esta sección del libro, "El banco estaba vacio".

Fueron unas vacaciones terapéuticas.

Aunque extrañaba nuestro viaje como madre e hijo, sabía que debía hacerse para "avanzar". Creo que nunca voy a "seguir adelante", pero haré lo mejor que pueda para "avanzar".

"Seguir adelante" parece significar que debería "olvidar". "Avanzar" parece transmitir, "traerla contigo".

Aunque esta última sección es personal, sigue siendo un "momento de enseñanza" para todos los que la están leyendo. Primero que nada, recuerden CANTAR con los estudiantes porque abre el alma como lo hizo cuando canté los himnos favoritos de mamá para y con ella. Recuerde ESCRIBIR con sus estudiantes como mi mamá escribió su poema... sus palabras fueron desde el corazón... puede aprender mucho sobre sus estudiantes cuando les permite "sólo escribir". Recuerda ayudar a tus colegas como lo hicieron conmigo después de que mamá nos "dejó a mitades".

Mi mamá me hizo prometer que obtendría un nuevo golden retriever después de que ella muriera. Estaba tan preocupada de que yo estuviera solo.

Me empiezo a llorar cuando escribo las siguientes palabras... "Por favor, denle la bienvenida a Titan Cole a nuestra familia". Mi madre está muy feliz por mí.

ABOUT THE AUTHOR

Todd Cole is a retired, 34 year veteran of teaching elementary students at Laurel Elementary in New Castle, Pa. Currently, he is an instructor at his alma mater, Westminster College, in New Wilmington, Pa. Todd resides in New Wilmington, with his golden retriever puppy, Titan Cole. He enjoys traveling to Vermont to visit his brother and his family. Todd relishes in sitting on the beach of Southern Maine, as he did every summer vacation with his parents and brother. He is a tenor in his church choir and worship team at New Wilmington Presbyterian Church. Cole is an active member of the local Rotary and is a contributor for WFMJ-TV 's Morning Show where he shares his knowledge of children's literature and advice for raising a reader. Todd has written two other books: *You are a Masterpiece!* and *50 Shades of Teaching.*

~~~

SOBRE EL AUTOR

Todd Cole es un jubilado, con 34 años de experiencia en la enseñanza a estudiantes de primaria en la escuela Laurel en New Castle, Pa. Actualmente, es instructor en su alma mater, Westminster College, en New Wilmington, Pa. Todd reside en New Wilmington, con su cachorro golden retriever, Titan Cole. Le gusta viajar a Vermont para visitar a su hermano y a su familia. Todd disfruta de sentarse en la playa del sur de Maine, como lo hacía cada verano en las vacaciones con sus padres y su hermano. Es un tenor en el coro de su iglesia y el equipo de adoración de la Iglesia Presbiteriana de New Wilmington. Cole es un miembro activo del Rotary local y es un colaborador del programa matutino de WFMJ-TV donde comparte su conocimiento de la literatura infantil y consejos para criar a un lector. Todd ha escrito otros dos libros: *You Are a Masterpiece!* (*¡Eres una obra maestra!*) y *50 Shades of Teaching* (*50 sombras de enseñanza*).

~~~

Made in USA - Crawfordsville, IN
56048_9781948894142
12 31 2020 0515